Christian Wagner

Sonntagsgänge

Christian Wagner

Sonntagsgänge

ISBN/EAN: 9783744655491

Hergestellt in Europa, USA, Kanada, Australien, Japan

Cover: Foto ©ninafisch / pixelio.de

Weitere Bücher finden Sie auf **www.hansebooks.com**

Sonntagsgänge

von

Christian Wagner

von

Warmbronn.

Zweite Auflage.

Stuttgart.
Druck und Verlag von Greiner & Pfeiffer
1887.

Zweiter Theil.

Weitere Märchen und Balladen.

Daß der Mensch die Wunderschrift verstehe
In dem heilgen Buche der Natur,
Und das Gotteswandeln in der Flur
Mit den eignen Gottesaugen sehe.

Von den Augen nehme weg die Binde,
Von den Sinnen nehme weg den Bann,
Daß das Seine er mög kennen dann,
Das Verlorne freudig wieder finde.

Ja darum habe ich diese Naturevangelien geschrieben, und gethan was ich nicht lassen konnte: Dir wieder zu deinem Rechte zu helfen, du arme, entgeistigte und entgötterte Flur. Aus deinem Scheintod dich zu erwecken und dir die Sprache wieder= zugeben. — Und so habe ich gethan was ich nicht lassen konnte, und deine Freiheit gepredigt, o Creatur, und das neue Evan= gelium verkündigt: Das Evangelium von der möglichsten Scho= nung alles Lebendigen. — Und den Krieg angesagt jeder herz= losen Ichlehre.

Und nun ich mich meines Auftrags entledigt, fühl ich mich selbst erleichtert und selbst frei gemacht. — Und dann habe ich gethan was ich thun mußte, und habe Stärkung herabgelangt aus der Höhe, und Freudigkeit genommen aus meinem Eigenen, und Götterbrod entwendet aus den Himmeln der Seligen:

Soll der Hochgedanke wohl nicht laben,
Den Geweihten an des Schauens Thür,
Mit den Ewigkeiten für und für
Innige Gemeinschaft täglich haben?

Und:

Daß im Fluge du nicht mögst ermatten,
Magst du kreisen ob der Schönheit Matten;
Niederschwebend von dem Flug nach Osten,
Jede Freude die dir rein ist, kosten.

Dein ist Alles, all und jede Wonne,
Wann sie aufgeht dir als eigne Sonne;
Jeder Tag vom Licht emporgetragen,
Wann er aufgeht dir als eignes Tagen.

Dein ist Alles, all der Blumen Blühen,
Wann hervor sie aus dir selber glühen,
All die Rosenknospen auf der Erden,
Wann sie Rosen in dir selber werden.

———

Wie ich dazu komme, als einfacher Landmann Gedichte zu schreiben, fragen mich die Leute. — Ich weiß es selbst nicht, oder richtiger gesagt: Weil ich muß. — Jede Blume erzählt mir ihre Geschichte, und vollends wann ich durch den Wald gehe. — Ja! du heiliger, geliebter Wald! Tagelang wollte ich in dir verweilen, ohne je müde zu werden dich anzuhören, und mir von dir erzählen zu lassen. Aber manchmal empfinde ich schwer, daß der von Feldarbeit ermüdete Leib nicht hören und sehen kann. Ja und wie oftmals habe ich als zwar geringer aber treuer Arbeiter auf dem Acker des Geistes des Mittags nach einem Trunke und des Abends nach einem Groschen mich umgeschaut? — Und was ward mir zur Antwort:

Und willst du Sold von mir, und willst du Lohn,
So bist du Liebling nicht, und nicht mehr Sohn,
So bist du Söldling nur, so bist du Knecht,
So lohn ich dich nach Brauch und Herrenrecht.

Und steht es so, so will ich lieber nicht —
So sprach beschämt ich in dem Traumgesicht —
Sold oder Löhnung, nur den einzgen Lohn,
Daß ich dein Liebling bleiben darf und Sohn.

Sollte der geehrte Leser in diesen vorliegenden Blumen=
evangelien da und dort Unrichtigkeiten finden, so bitte ich ihn
nachsichtig zu sein, denn ich, der Verfasser in der Dreitheilung
des ersten, wie in der Nichttheilung des zweiten Jahrgangs
bin, wie oben schon gesagt, nur ein armer, ungelehrter Land=
mann.

Warmbronn, im September 1886.

Christian Wagner.

Erster Sonntag.

Ich stehe im weiten, sprossenden Frühlingswalde. Immergrün am sonnigen Hügel und blaue Kinderaugen rings um ihn her. — Wahrlich! wo so viel Frommes und Schönes gefunden wird, muß auch viel Frommes und Schönes verloren gegangen sein! Und viel Frommes und Schönes ist verloren gegangen dereinst in diesen Wildnissen. — Zogen vor mehr denn sechshundert Jahren nicht pilgernde Kinderschaaren durch sie dahin? Und sind deren Leiber nicht hingestreut nah und fern auch durch diese Wälder?

Märchen vom Immergrün.

Es zogen durch Schwabens Wälder,
Durch seine Wiesen und Felder
Einst Kinderschaaren dahin:
Sie wollten zum heilgen Lande,
Sie wollten zum heilgen Strande,
Zum Grabe des Heilands ziehn.

Doch Hunger wohl und Gefahren
Verminderten ihre Schaaren
Gewaltig von Tag zu Tag;
Und unter der Bäume Schatten
Wohl manches der müden, matten
Und sterbenden Kinder lag.

Doch jeder goldige Hügel
Belebte der Hoffnung Flügel
In diesen Wallern so matt;
Sie stellten sich auf die Zehen,
Ob so nicht möchten erspähen
Sie die Jerusalemsstadt.

Und oft bei seltsamem Rauschen
Da hoben an sie zu lauschen,
Zu lauschen wohl eine Weil:
Zu horchen auf ferne Klänge,
Ob es der Pilger Gesänge,
Ob es der Helden Geheul.

Und mit enttäuschter Geberde
Sanken so viele zur Erde,
Erliegend stumm dem Geschick:
Doch wo und wie auch geendet,
Nach Morgen war stets gewendet
Bei Allen der letzte Blick.

Nach Morgen, nach Morgen schauen
Die Kinderaugen, die blauen,
Am sonn'gen Hügelsaum dort;
Aus immergrünendem Laube,
Es wirkte der Wunderglaube
Lebendig in ihnen fort.

Der Falter des Morgens*) umflattert sie wie das Bild ihrer Träume. Statt der Pilgergesänge hallen Confirmanden=gesänge durch den Wald. Confirmanden sammeln Sträuße von ihnen, um sie auf den Altar zu legen. Drunten im Thale sehe ich ein Dörflein vor mir liegen, klein zwar und gering, aber welche Fülle von Verheißung liegt in seinem Namen:

---

*) Aurorafalter.

O nicht von fernen, längstvergangnen Tagen
Kommt dir dein Name, trauter Heimathort,.
Wohl nimmer war ein warmer Bronn ja dort,
So weit sie reichen rückwärts deine Sagen.

Warum denn Warmbronn aber, wirst du fragen:
Sein Name ist wohl ein Verheißungswort,
Prophetisch, stets und stets prophetisch fort
Der endlichen Erfüllung zugetragen.

Aber du, Hyazinthe, die du wie eine Confirmandin im Schmucke des Confirmationstages aus dem offenen Fenster dort herausschaust: Warum so stumm und verschlossen mir dem Freunde gegenüber?

Hyazinthe.

Zwiesprache möcht ich mit dir pflegen,
Du liebes frommes Wunderkind,
Von deines Athems mildem Segen
Fühl ich den Hauch so lieb und lind.

Doch ob der schöne Mund auch offen,
Schließt doch die Lippe sich nicht zu;
Ich kann auf keine Antwort hoffen,
Ich müßt ein Kind sein so wie du.

Zweiter Sonntag.

Daß du verloren gehst mit deiner Liebe,
Und schönem Glauben in dem Weltgetriebe,
Ists was den Blümlein in der Frühlingsnacht
Als Reif und Frost gar oft den Tod gebracht.

Galt nicht den armen Blümlein als Verbrechen,
Dran sich ein Gott aufmachte es zu rächen,
Daß sie, als es gefrühlingt und getagt,
Zutrauensvoll sich an das Licht gewagt?

Ja Reif! Reif auf den Wiesen, Reif auf den Beeten, und
Reif auf den schüchternen Herzensblümlein der Liebe:

Blumenrache.

Ach, umsonst war all des Jünglings Hoffen
Und umsonst war all sein Liebeswerben,
Von der Täuschung, die ihn hat betroffen,
Ist nur eine Rettung ihm das Sterben.

Wohl gedenkt er, wie er manche Jahre
Nach dem trauten Hause durfte wandern;
Morgen steht die Braut vor dem Altare,
Aber mit dem Glücklichern, dem Andern:

Durch die Haine und die Wälder irrend
Sieht er rothe Frühlingsblumen sprossen;
Süßer Düfte voll, doch sinnverwirrend
Sind des Lorbeers*) rosige Genossen.

Und er bricht sich einen Strauß der rothen
Duftgen Blumen, um als Abschiedssegen
Stumme Gabe durch verschwiegnen Boten
Ihr, der Liebsten, auf den Tisch zu legen.

Nacht ist es und todesschweres Bangen
Legt sich auf die Schläferin im Zimmer,
Kaum noch dämmert in ihr Brautverlangen,
Morgen ist es und sie schläft noch immer.

Schwere Düfte schweben wie Gespenster
In dem kleinen Stübchen auf und nieder,
Und die Schwestern reißen auf die Fenster,
Doch die schöne Braut erwacht nicht wieder.

———————
*) Seidelbast (Daphne mezereum).

Dritter Sonntag.

Der Lenz ist gekommen und die Freude ist eingezogen in diese Lande. Eingezogen in seine Dörfer und Fluren. Eingezogen in seine Edelhöfe und Hochzeitshäuser. Die Kirschenbäume und Apfelbäume die ich meine, von ungezählten Mücken, Käfern und Bienen umschwärmt. Ueberall Wonne, Seligkeit und Friede; überall Sattwerden. Großer Gott! Tagtäglich sehe ich vor Augen die großen Suppenhäuser der Menge, und höre die Tischglocken und die Tischgebete, und vernehme die laute Stimme des Speisemeisters, und allenthalben, wohin mein Auge fällt, verkümmerte, halbverhungerte Menschen.

Blühender Kirschbaum.

Ungezählte frohe Hochzeitsgäste.
Groß und kleine, einfach und betreßte;
Herrn und Frauen, Edelfräulein, Ritter,
Ungezählte Väter wohl und Mütter;
Ungezählte Kinder, Großmatronen,
Jägerinnen viel und Amazonen,
Freche Dirnen wohl mit Ernsten, Frommen
Auf dem Edelhof zusammenkommen.

Ungezählte bräutlich schöne Zimmer,
Da und dort wohl mädchenhafter Flimmer,
Ungezählte ros'ge Hochzeitsbetten
Und daneben heimlich traute Stätten;

Rosenfarbig ausgeschlagne Stübchen
Für die Harfnerinnen und Schönliebchen;
Ungezählte Schalen mit Getränken,
Ungezählte Köche wohl und Schenken,
Ungemeſſner Raum zu freiem Walten
In dem Hochzeitshauſe ist enthalten.

Ungezähltes Kommen oder Gehen,
Abſchiednehmen, Kehren, Wiederſehen,
Eſſen, Trinken, Tanzen, Liebesgrüßen,
Liebgewordnes wohl umarmen müſſen;
Ungezähltes inniges Umfaſſen,
Götterfreies wohl gewähren laſſen;
Ungezähltes Leib und Selbstvergeſſen
In dem luft'gen Saale, — — währenddeſſen
Ungezählte ſelige Minuten
An dem Freudenheim vorüberfluthen.

Vierter Sonntag.

Wir treten in ein stilles, weltvergessenes Waldthal hinaus. Uns gegenüber liegen die Gebäude des Hofes S...... fast an die Rückwand des jenseitigen Berges angelehnt. Und o welch liebliche Idylle:

Sieh dort im Hofe das Backhaus, darüber den Bronnen,
Rings von den Zweigen des grünenden Holders umsponnen;
   Einstmals saßen hier zwei,
   Sprachen von Liebe und Treu,
Sprachen von süßen, von süßen entschwundenen Wonnen.

Und der Abend er naht, und der Knecht geht nach den Ställen,
Und die Magd füllt den Eimer, den messingglänzenden, hellen;
   Traubenkirschenumbüscht,
   Erlen wohl untermischt
Fließt der Glemsbach dahin in silberklaren Gefällen.

Glückselig Thal, von Welt und Menschen geschieden!
Nur des Schloßbergs finsteres Antlitz stört deinen Frieden,
   Wie das Verhängniß droht,
   Oder der schwarze Tod
All den Paradiesen und all den Eden hienieden.

Aber mit welchen Friedensworten wollen wir dich begrüßen, du kleines Waldhaus auf luftiger Höhe am sonnigen Waldweg, eingerahmt von Erdbeerblüthen und Immergrün und umduftet von dem Harzgeruch der Tannen? — — Haben wir jemals

gesehen eine Stätte des Friedens mit unsern Augen, so ist es
diese. — Und von ferne ein lieblicher Sang, und näher und
näher kommend eine mit Eichlaub und Blumen geschmückte
Mädchenschaar:

Mädchenspiele.

Sie haben dich mit Eichenlaub geschmückt,
 Mit freudgem Laut
Ein Krönlein dir aufs schwarze Haar gedrückt,
 Wie einer Braut.

Von Wicken blau, Liguster, wildem Mohn
 Der Kronenreif,
Und niederhängend von der duftgen Kron
 Ein Eichlaubschweif.

Weit klingt der Wald von süßer Lieder Reim
 Aus Mädchenmund,
Und singend so geleiten sie dich heim,
 Dich, Kunigund!

Still ists wieder; doch nun beginnt im Tannwald da
drüben von Schwarzkopf und Drossel, von Fink, Rabe und
Waldtaube ein reges Wechselgespräch:

Waldballade.

Die Tannenwipfel tröpfeln sacht,
 Der Regen rieselt fein;
Den Vöglein lausch ich mit Bedacht
 Im Wald beim Abendschein.

Und drüben auf dem Bergeshorst
 Da steht die Burgruin,
Der Vogelsang im Tannenforst
 Weist auf Vergangnes hin.

Ich lausch und lausch, und find und find,
 Je mehr ich horch je mehr,
Daß hier das einstge Schloßgesind
 Bespricht 'ne Wundermär:

Ein Stimmlein spricht: „Bst Thiolit!
 Nimm mit, nimm mit den Ring!
Bst Thiolit! Den Ring nimm mit!
 Den Ring, den Ring mir bring!"

Ein Stimmlein ruft dem Edelknecht:
 „Ottlieb! Ottlieb! Ottlieb!"
Mit hoher Stimme ruft der recht:
 „Bst, bst! Der Dieb! Der Dieb!"

Und drüben auf dem Eichbaum sitzt
 Der alte Knapp Markhart;
Mit heisrer Stimme schreit der itzt:
 „Wart, wart! Wart, wart! Wart, wart!"

Und eine Stimme tief und hohl
 Der Jungmagd ruft, der Fih!
Großmutter ruft so schaurig wohl:
 „Mach Thür zua! 's fruirt mih!"

Ein Waldhorn macht alsbald, alsbald
 Der Mär ein End; — tra! tra!
Und nochmal hallts durch Tann und Wald:
 Tra! Tra! La, la! La, la!

Fünfter Sonntag.

Aber du Märchenblume, Syringe, erzähle mir heute von den Ufern des reißenden Stromes, erzähle mir von Bagdad der Glänzenden, und erzähle mir von Lileila. Und so du sie bist, die Lileilasblume, so bist du wohl auch Lileila selbst:

Märchen von der Syringe.

Der Mandelbaum hatte Blüthen gewonnen, und der junge schöne Fremdling saß wie allabendlich in dem kleinen Gärtlein Ibrahims des Gewürzkrämers:

Und wann einmal wirst du mir sagen, wie du heißest und was du bist, du Böser und du Lieber, sprach Lileila, die Tochter, zu dem schönen Fremdling:

Du sollst es erfahren, meine Taube, wann dieser Strauch da blühet und dessen Rosenkelche sich öffnen. Dann werde ich dir meinen Namen sagen, aber siehe er wird schwer auszusprechen sein. Doch du hast eine geläufige Zunge und einen süßen Mund. Und er küßte sie darauf.

*   *

Und der Kalif saß in seinem Palaste, und Husein ben Musa der Schreiber, und Abballah der Vorleser hielten aufgeschlagen vor ihm das Buch des Propheten:

Leset mir vor die Sure von dem Beistande Allahs im Kampfe seiner Streiter mit den Ungläubigen, gebot der Kalif, und Husein ben Musa der Schreiber, und Abballah der Vorleser lasen wechselweise vor das Wort des Propheten:[*]

---
[*] Nicht im Koran zu finden.

1. Merket auf meine Boten, und horchet auf meine Streiter! Faßt euch zusammen meine Blitze, denn ich will euch hinausschleudern in die Reihen meiner Feinde!
2. Und wären deren so viele wie die Sandkörner der Wüste, so will ich sie dennoch scheuchen wie Kaninchen mit dem Leuchten meiner Augen, und vor mir hertreiben wie Schafe mit dem Donnerhall meiner Stimme!
3. Und was bist du, Widersacher meines Volkes, wenn ich dich erst anblase mit dem Feuerodem meines Mundes? Und was willst du mir entgegenhalten, wenn ich meine ungezählten glühenden Speere gegen dich versende?
4. Und wer will mich hindern, wann ich mit ungezählten Schalen meine Heerscharen tränke? Wer mich aufhalten, wann ich ihre Schwerter schärfe und an ihre Pfeile meine Blitze hefte?
5. Gesegnet seien meine Boten und meine Streiter! Gesegnet sei ihr Eingang und sei ihr Ausgang!
6. Nicht hungern wird sie's noch dürsten, eh sie ausgerichtet ihren Auftrag. Nicht müde sollen ihre Rosse und nicht matt ihre Reiter werden, eh sie vollendet haben das Werk ihres Gottes, und geschlagen seine Siege.
7. Und ruhmvoll und glänzend werden sie sein, die Siege meines Volkes! Schrecklich wie meine Blitze, erhaben wie meine Donner und lieblich wie meine Friedensbogen!

* * *

Der Mandelbaum hatte verblüht, und der junge schöne Fremdling saß wie allabendlich in dem kleinen Gärtlein Ibrahims des Gewürzkrämers:

Und wann einmal wirst du mir sagen, wie du heißest und was du bist, du Böser und du Lieber, sprach Lileila, die Tochter, zu dem schönen Fremdlinge.

Du sollst es erfahren, meine Taube, wann dieser Strauch da blühet und seine Rosenkelche sich öffnen. Dann werde ich dir meinen Namen sagen, aber siehe, er wird schwer auszusprechen sein. Doch du hast eine geläufige Zunge und einen süßen Mund. Und er küßte sie darauf und sprach:

Siehe, morgen ziehe ich mit dem Heere des Kalifen, dem Allah Siege verleihen möge, aus, um gegen die Ungläubigen zu kämpfen, doch wenn du hörest Lileilas Sieg verkünden, dann ist meine Wiederkunft nahe. Und er brach einen Zweig von Lileilas Strauch und sie half ihm, als er denselben an seinen Turban heftete. Und er nahm Abschied von ihr.

* * *

Und die Heerschaaren der Streiter Gottes lagerten mitternachtwärts von der Wüste in der Ebene Khorassan, aber die Heere der Ungläubigen ihnen gegenüber auf der Waide der Füllen bei dem Brunnen El Ebbins. — — Und Allah gab die Ungläubigen in die Hände der Gläubigen, und das Schwert Gottes fraß ihre Schaaren, und das Reich der Feueranbeter lag zertrümmert zu den Füßen Omars des Kalifen. Und der Kalif sandte Boten aus in die Städte, zu verkündigen den Sieg des Herrn seinen Gläubigen und seinen Landen. Und es ward angeschlagen der Sieg von Lileila an die Thorbogen und an die Moscheen und an die Ecken der Straßen, und Bagdad die Glänzende feierte Siegesfeste und zog ein bräutlich Gewand an.

* * *

Der Strauch Lileilas hatte zu blühen begonnen, und der junge schöne Fremdling saß zum erstenmal wieder in dem kleinen Gärtlein Ibrahims des Gewürzkrämers:

Und wann einmal wirst du mir sagen, wie du heißest und was du bist, du Böser und du Lieber, sprach Lileila, die Tochter, zu dem schönen Fremdlinge.

Die Kelche haben sich geöffnet, und du sollst heute noch meinen Namen erfahren, aber siehe Lileila: Er wird etwas schwer auszusprechen sein. Doch du hast eine geläufige Zunge und einen süßen Mund. Und er küßte sie darauf.

Aber vor dem Gärtlein ward ein Gelärm hörbar. Und Ibrahim der Gewürzkrämer haderte mit den Männern, die mit einer goldgestickten grünen Sänfte vor dem Gärtlein standen:

Siehe: mein Vater hadert mit fremden Männern vor dem Gärtlein! Ziehe dein Schwert aus und komm ihm zu Hilfe! O! o! Sie kommen herein, o schnell, schnell laß uns fliehen!

Nicht doch, meine Lileila! Diese Männer sind abgesandt, dich zu bringen in das Haus dessen, dem du angehörest und den du liebest, in das Haus Omars des Kalifen. — Hassan ben Ejub komm hieher! Und Hassan ben Ejub, der Fürst der Wächter, neigte sich fünfmal vor dem Angesichte seines Herrn, und Lileila die Schöne ward in die Sänfte gehoben und nach dem Palast des Kalifen getragen.

Sechster Sonntag.

Schlummerfrist.

Lüft mir den Vorhang, daß ich möge künden
Das Schicksal derer in den Schattengründen,
Der Tausende, die täglich scheu und bang
Die stillen Todespfade gehn entlang:
Sie finden Ruhe in den stillen Hallen
Vom mühevollen bangen Erdenwallen,
Doch weil auf Erden alles endlich ist,
So muß auch enden ihre Schlummerfrist,
Wohl keine Nacht ist, die da ewig währet.

Wann alles Alte längst vergessen ist,
In der Erinnrung alles ausgewischt,
All das Vergangne völlig aufgezehret,
Dann kommt die Zeit, daß das was übrig ist,
Von Lenzgefühlen wundersam durchfrischt
Als neuer Keim ins Leben wiederkehret.

Wiederkehr.

Aus dem tausendjährgen Schlafe sind sie endlich halb erwacht,
Und sie treten an das Gitter wo der helle Morgen lacht:
Sagt, wer hält uns hier gefangen? Eingeschlossen? Ruft das Heer,
Nach der Heimath all wir wollen, rufts von allen Seiten her.

Und da sieh, in ihre Mitte freundlich ernst ein Alter tritt,
Und er bringt an seiner Seite einen schönen Jüngling mit;
Meinem Schließer, ruft der Alte, meinem Schließer daß ihrs wißt,
Ueber euch Gefangne alle meine Macht gegeben ist.

Laß uns heim, so ruft die Menge. Thöricht kindisches Begehr!
Nach der Heimath wollt ihr Armen? Eure Heimath ist nicht mehr!
Nach der Heimath wollt ihr Thoren? Eure Heimath kennt euch nicht!
Eure Zeit sie ist vergangen, ist verschollen, ist Gedicht!

Auf der Heimath Boden wandelt nun ein anderes Geschlecht,
Anders in Gestalt und Sitten, anders in Gesetz und Recht;
Würde so ich euch entlassen, wie ihr wart bereinst vorzeit,
Würd es euch nur Kummer bringen, Schmerzen viel und Herzeleid.

Doch ich ehre eu'r Verlangen und den frommen Heimwehzug;
Nach der Heimath dürft ihr alle, das sei euch für jetzt genug;
Meinem Schließer ists befohlen, daß bebändert und betreßt,
Schön und schmuck wie Königskinder nach der Heimath er euch läßt.

Andre Kleider müßt ihr tragen, neue Kleider sind bestellt,
Die da taugen in das Leben, die da passen in die Welt:
Farbge Mützen, grüne Tücher, Kronen wohl auf manches Haupt,
Nicht mehr Pelze, noch Gewänder, die von Moder sind bestaubt.

Und so mögt ihr wiederkehren nach der einstgen Feuerstatt,
Nach dem Hofe, nach dem Brunnen, da der Fuß gewandelt hat,
Nach dem Felde das vorzeiten einst beackert euer Pflug,
Nach dem Walde wo gerastet ihr beim blutgen Fehdezug.

Und so mögt ihr wiederkehren, wartend an den Pfaden stehn,
Fromme Menschenaugen grüßen, frommer Menschen Gruß verstehn:
Nach den Fensteraugen winkend, klimmen an der Wand empor,
Neuer Zeiten Athem trinkend; — Schließer Lenz, mach auf das Thor!

———————

Siebenter Sonntag.

Und wohin ich schaue, sehe ich angeheftet eine Rosenoffen=
barung um die andere als Losung des heutigen Tages: Rosen=
botschaft am duftigen Hag, Rosenbotschaft am sonnigen Waldsaum,
und Rosenbotschaft auf dem Gräbergefilde: Wiedervereinigung
ringsum. Wiedervereinigung des Gatten mit dem Gatten,
Wiedervereinigung der Mutter mit den Kindern, ja Wiederver=
einigung ganzer Geschlechter von Urgroßmutter an bis zum
Enkelkinde. Ich betrete das wallumschlossene Gräbergefild und
stehe vor einem längst vergessenen Grabe. Ein Rosenstrauch
mit fünf halb und ganz geöffneten Rosen triumphirt auf dem
veröbeten Grabe:

Die wiedererstandene Mutter.

Es schlummert in kühlem Bette
Die Mutter mitsammt dem Kind;
Ein Steinkreuz zeiget die Stätte,
Da beide begraben sind.

Und rechts von den Gräberlagen
Ein bleichender Kinderstrauß;
Fünf hat man vorangetragen
Der Mutter ins stille Haus.

Ein Rosenbusch blühend stehet
Am Steinkreuz an morschem Stab;
Die todte Mutter sie gehet
Hervor wohl aus ihrem Grab:

Fünf Röslein sinds die entfalten
Sich hier an dem Rosenstock;
Fünf Kindlein sinds die da halten
An Hand sich und Mutterrock.

Sie hängen an sich so feste,
Das Erste sowie das Letzt,
Und Jedes wohl für das Beste
Und für das Liebste sich schätzt.

Das Jüngste doch daß ihrs wisset,
Das ist die Knospe so roth;
Die Mutter hat sie geküsset
Nicht lange vor ihrem Tod.

Jeder Blumenstengel ist ein Mutterleib, und die Blümlein daran sind seine Kinder. Jeder blühende Obstbaum ist eine Mutter unzählbarer Kinder, die alle an der Mutter Brüsten noch saugen. Jeder blühende Obstbaum ist aber ebensogut auch die Brautmutter vieler Tausende von Töchtern, die miteinander ihr Hochzeitsfest feiern. — — Und der Duft des Rosenstrauchs ist der Ausdruck der Mutterseligkeit über die schönen wohlgeformten Kinder. Und die Tulpenmutter, die blos ein einziges Kind hat, wie hat sie dasselbe herausgeschmückt, auf daß es ja die andern alle überstrahle.

Blühender Apfelbaum.

O schau doch an des Wiedereinens Lust;
Zehntausend Kinder an der Mutter Brust.

Ein ganz Geschlecht, das längst im Tode lag,
Kommt nun zum Sonnenschein und kommt zum Tag.

Des Wiedereinens Seligkeit sie ruft
In diesen Blumenseelen wach den Duft.

Und dieser Duft als Freudenbank, als Lied
Tagüber süß an mir vorüberzieht.

Achter Sonntag.

Und wohin ich schaue, sehe ich angeheftet eine Rosenoffen=
barung um die andere als Losung des heutigen Tages. Heute
die Offenbarung der Johanniterrose, des duftigen Weinrösleins
als Rosenlegende:

Rosenlegende.

Herr Gottfried wars, der einstmals ritt
Gen Hebron in die Schlacht;
Da reichte ihm ein Eremit
Der Rose heilge Pracht.

Nehm hin, so sprach der fromme Greis,
Auf diesen Strauch da hing
Frau Maria die Windeln weiß
Als sie gen Hebron gieng.

Nehm hin, so sprach der fromme Mann
Und reicht die Hand ihm dar,
Die Rose hier als Talisman
In jeder Todsgefahr.

Herr Gottfried hielt die Rose werth
Und ihre heilge Macht;
Vergebens zückt nach ihm das Schwert
In mancher blutgen Schlacht.

Vergebens zischt nach ihm der Pfeil,
Vergebens saust der Speer;
Stets unverwundet, frisch und heil
Ritt er voran dem Heer.

Nicht trennt sich Brust und Tallsman,
Kaum Ritter, Schwert und Roß; — —
Herrn Gottfried kam ein Heimweh an
Nach seinem Wald und Schloß.

Herr Gottfried nach der Heimath fuhr,
Doch bei Melittas Thurm
Die weite grüne Wasserflur
Durchwühlte jäh der Sturm.

Das Schiff, vom Strudel wild erfaßt,
An allen Fugen kracht;
Herr Gottfried hißte an den Mast
Der Rose heilge Pracht.

Da legte sich der Sturm, das Meer
Lag wie ein Kind im Schlaf; — —
Zu Genua schifft aus das Heer
Gottfried der edle Graf.

Herr Gottfried saß daheim beim Wein,
Bei ihm der Meister Hild;
Steinmetz! Hau mir die Rose fein
Wohl aus im Wappenschild!

Herr Gottfried seine Rose bot
Dem Abte Fridolin:
Seitdem ich aus Gefahr und Noth
Welkt meine Rose hin.

So pflanzt sie an auf Eurem Grund,
Wohledler Graf habt Acht,
Erneutes Grünen thut Euch kund
Der Rose heilge Macht.

Und sieh, sie wurzelt auf dem Rand
Des Tisches neb'nem Krug;
Abt Fridolin mit eigner Hand
Sie nach dem Garten trug.

Sie bebt empor, wie's ein vom Traum
Geschüttelt Kind wohl macht;
Und heut noch glänzt vom Waldessaum
Der Rose heilge Pracht.

Neunter Sonntag.

Und wohin ich schaue, sehe ich angeheftet eine Rosenoffen=
barung um die andere als Losung des heutigen Tages. Heute
die Rosenoffenbarung des Waldsaumes von einer Engelswache
um ein neuaufgefundenes Eden:

Engelswachen.

Engelswachen um des Waldes Eden,
Schön, gemessen und nicht anzureden:
Rosen finds, am Waldessaum erschaffen,
Eichelschwerter ihre Rosenwaffen.

Engelswachen stehn sie auf den Posten,
Stehn nach Süd und Norden, West und Osten,
Sind entnommen drei'n der Legionen,
Wachehaltend in des Nordens Zonen.

Tagesüber um die Mittagsstunde
Engelswachen Hauptmann macht die Runde,
Kenntlich wohl am goldnen Harnischtragen,
Goldeskäfer nach der Menschen Sagen.

Aber ihr Rosenoffenbarungen des Waldsaumes, wann werdet
ihr einmal erschöpft sein? Erschöpft sein? Wie die Quelle er=
schöpft werden könnte, wenn aus ihr zwei oder drei oder vier
Wanderer getrunken? Jahrhunderte wäre aus ihr zu schöpfen,
und immer wieder frischeres Wasser.

Doch ihr Rosenwachen, haltet mich nicht auf, wenn ich meine Waldbraut besuche.

Waldbraut.

Wißt ihr, wißt ihr wo die Braut, die fromme,
Weilet, wohnet? Wo ich zu ihr komme?

In der grünen Märchenstadt da drinnen
Weilt mein Lieben all und all mein Minnen.

Als ich gieng in süßem Brautbegehren,
Wollten Wächter mir den Eingang wehren;

Wächter mit dem Sichelschwert der Dornen,
Wächter neben mir und Wächter vornen,

Wehrten tapfer sich mich einzulassen
In die grünen märchenhaften Gassen.

Wehrt dem Knechte, rief ich, nicht dem Ritter,
Wann die Braut ihm winkt aus dem Gegitter;

Wehrt dem Räuber wohl und seinem Fluchen,
Nicht dem Edlen bei dem Brautbesuchen;

Trotz der Dornen all und all der Schlingen
Will und muß den Eingang ich erzwingen.

Hab erzwungen ihn mit meinem Blute,
Als ich rang in meinem Liebesmuthe.

Habe satt gemacht wohl all die Sinne,
An der Waldbraut und an ihrer Minne.

Zehnter Sonntag.

Und wohin ich schaue, sehe ich angeheftet eine Rosenoffen=
barung um die andere als Losung des heutigen Tages: Am
Waldsaume die Offenbarung ihres großartigen überschwenglichen
Verschwendens, des Verschwendens ihrer Schönheiten und ihrer
Reize. — Ueberall wohin ich gehe, Festhalten meines Gewandes,
allüberall wohin ich schaue, Winken und Grüßen ihrer Rosen=
augen; allüberall schmachtende Königsmägde und Magdalenen. —
Wen sehe ich mir entgegenkommen? Auch eine Verschwenderin,
auch eine Rose, auch eine Magdalene. Aber verachtet wie ihre
Schwestern und wie das Dorngehege, dem sie entsprossen. Ich
aber, fernstehend jedem kleinlichen Anschauen der Menschen,
grüße sie freudig als meiner Rose verwandt:

An eine Magdalena.

O Erbin, die in Fülle hat gespendet!
O Königsmagd, die fast zu viel verschwendet!
O Magdalena, die nun weltvergessen
An Liebesgräbern weinend ist gesessen!

O Magdalena! Mit der Flechten Dunkel,
Dem stolzen Leibe und des Augs Gefunkel:
Denk ich der Armuth dein und deiner Blöße
Steh stumm ich ob des Liebverschwendens Größe.

Aber ihr, ihr dornenlosen Sträucher des Waldsaumes!
Laßt mich auch schauen eure Rosen! — Und sind eure Blüten
weißer als das Weiß meines Waldrösleins? — — Doch siehe

Thautropfen glänzen wie Thränen, wie heiße Reuethränen in den Augen meiner Magdalenen, und trostvoll wie himmlisches Vergeben spricht meine Offenbarung von ihrer Sühne:

Magdalenas Sühne.

O Magdalena, die du voll von Liebe
Gehuldigt stets dem seligsten der Triebe;
O Magdalena! Die du weltvergessen
An Liebesgräbern weinend bist gesessen;
O Magdalena! Die nun leibentflohen
An Liebesgräbern pflegest aufzulohen,
Als Rosenstrauch des Waldsaums am Gehege,
Als auferstandne Königsmagd am Wege:

Die Keime alle, die du hast vernichtet,
Eh sie zu Lebewesen sich verdichtet,
Die Kelme alle, die du fortgetrieben
In deinem Hassen wohl und deinem Lieben,
Sie werden einst in vollen Königsehren
In deine Mutterarme wiederkehren,
Als weiße Röslein friedvoll dich umschweben,
Dir, Magdalena, deine Fehl vergeben,
Als weiße Röslein sich mit dir verbinden,
Dann, Magdalena, magst du Ruhe finden; — —
Und wann das Rosenblühen ist vollendet,
Dann, Magdalen, ist deine Sühn beendet.

Elster Sonntag.

Blumenevangelium.

Wie der Weise in der Schrift
Grauer Tempeltrümmer,
Les ich in der Waldestrift
Und im Blumenflimmer
Längstvergangnen Haß und Fluch,
Längstvergangnes Lieben,
Alles in dem Blumenbuch
Sorgsam aufgeschrieben.

Kehr ich von dem Grabgefild,
Klagen und Beweinen,
Les ich Worte tröstlich mild,
Worte vom Vereinen;
Selge Worte, roth wie Gold,
Stehn auf grünem Grunde,
Künden mir so wunderhold
Von erneutem Bunde.

Wann vom Streit des Lebens matt
Oftmals still ich stehe,
Erbenmüde, lebenssatt
Mich im Wald ergehe,
Schauen mich so tröstend an
Freundliche Gestirne,
Fragen was man mir gethan,
Und warum ich zürne?

Wagner, Weitere Märchen ꝛc.

Und wohin er tritt, mein Fuß,
Auf der Flur, der weiten,
Hör ich fernen Liebesgruß
Aus vergangnen Zeiten;
Und wohin mein Auge fällt
Seh ich Fahnen schweben,
Grüne Botschaft aller Welt
Von dem Schuldvergeben.

Alles stehet ahnend still
Vor der neuen Lehre,
Was der Geist noch schaffen will
Zu des Schöpfers Ehre:
Alles stehet ahnend stumm,
Alles will sich freuen,
Auf das Evangelium
In der Welt, der neuen.

Zwölfter Sonntag.

Lasset euch künden:
Es soll verschwinden
Die Qual der Erde,
Daß Friede werde.

Und wohin ich schaue, sehe ich angeheftet eine Offenbarung um die andere als Losung des heutigen Tages. Heute die Offenbarung der blauen Waldesglocken als frohe Botschaft von einer seligen Friedenszeit auf einer neuen Erde und unter einem neuen Evangelium: dem Evangelium von der möglichsten Schonung alles Lebendigen.

Waldesglocken.

Was steht ihr da, ihr Glöcklein ohne Klang,
Den Eichenbüschen und dem Weg entlang?

Dem Weg entlang am duftgen Waldesrand,
Taubstummen Töchtern gleich im Kirchenstand?

Wir läuteten vorzeiten spät und bald
Den Abend und den Morgen an im Wald,

Wir hatten einst ein klangvoll feines Ohr,
Da kam der Mensch mit seiner Sorgen Chor;

Wir läuteten einst über Berg und Thal,
Da brach der Mensch herein mit seiner Qual,

Da flehten wir vor Gottes Heiligthum:
Ach Gott im Himmel! Mach uns taub und stumm!

Mach Ohr und Zunge vorher nicht mehr frei,
Bis Friede wieder auf der Erde sei.

So stehen wir und warten immerdar,
So stehen wir und warten Jahr für Jahr;

Auch halten wir die Himmelsfarbe treu
Und Jahr für Jahr wird unser Glaube neu:

Daß wir zusammenläuten im Verein,
Wann einst der Himmel wird auf Erden sein.

Ein Sonntagskind muß läuten uns und dann
Ist abgewendet wohl von uns der Bann,

Dann läuten wir, wie einst so nah und fern
Den großen Sonntag an, den Tag des Herrn.

—

Ja! ich fühle das ahnende Stillesein des Waldes, und dazwischen hinein wie ein unterbrücktes Frohlocken, wie ein freudiges Zittern und heißes Begehren nach der neuen Welt des Friedens und der Verheißung:

Ich schaue an des Waldes blauen Glocken
   Sein stumm Frohlocken,
Und leis dazu mit angehängten Flittern
   Die Gräser zittern.

Dreizehnter Sonntag.

Das gefeite Haus.

Hauslaubrosetten auf dem Dache feien
Leutholbens Haus auf seinem Hof, dem freien.

Weinranken wohl, daneben Epheureben
Das alternde Gemäuer dicht umweben.

Und Vordach, Stall mitsammt dem Ziehebronnen
Von Holderzweigen schattend ist umsponnen.

Und Mann und Weib und Kinder sind am Mahle,
Zwei schwarze Katzen schlürfen aus der Schale.

Vom Birnbaum in dem Hofe plaudernd spähen
Neugierig nieder wohl ein Paar der Krähen.

Dazwischen tönt das lärmende Geflatter
Der Hühner und der Tauben aus dem Gatter;

Dazwischen noch das fröhliche Gesinge
Der Lerchen, Finken und der Emmerlinge;

Denn was da kam geflogen und geschwommen
Ward hier im Hofe gastlich aufgenommen;

Zur Winterzeit stand offen stets die Tenne,
Den Vöglein aus dem Wald, der Gans und Henne.

Doch als die Seuche durch das Dorf gewüthet,
Von Engelswachen ward dieß Haus behütet;

Am Fenstersims da standen bei einander
So waffenprächtig Nelk und Oleander;

Und ein Gewoge wars von grünen Heeren,
Mit Schilden und mit Helmen und mit Speeren.

Ob auch der Tod gewandelt in den Gassen,
Die heilge Wacht hat ihn nicht eingelassen.

Am Fenstersims da standen noch beisammen
Ihn abzuweisen selge Rosenflammen.

———

Sei gastfrei gegen Menschen und Thiere. Verbanne die Thiere nicht aus deiner Wohnung, verscheuche sie nicht aus deinem Familienleben. Kinder und Thiere gesellen sich so gerne, und wer kann es wissen, wer am meisten hiebei gewinnt.

Kind und Katze.

Wohl eigenen Gespielen hast du hier
Kind auserwählt in deinem Wiegenleben:
Die bunte Katze spielt mit deren Stäben,
Alltäglich liegt ihr Tigerfell bei dir.

Schutzengel meines Kindes scheinst du mir,
In thierischer Gestalt ihm beigegeben,
Daß es erzittern nicht, noch möge beben
Vor dessen Glanz und dessen Strahlenzier.

———

Nehme nichts ab denen, die weniger haben als du, auch wenn du selbst ein sogenanntes Recht hiezu hättest. — Und du, der du Aemter verwaltest und Pflichten zu haben vorgibst, höre meine Rede: Sehe wohl zu, daß deine sogenannten Pflichten nicht im Widerspruch stehen mit dem natürlichen Recht, mit der Billigkeit und mit der Liebe. — Auf daß du nicht dem kleinen Herrn dienest und den großen mißachtest.

Vierzehnter Sonntag.

Dich Wiese, dich Rain mit dem Rosenhag,
Dich lieb ich immer bei Nacht und Tag!
Dich Tannenwald aber, dich Birkenhain,
Dich lieb ich erst bis ins Herz hinein!

Durch den Tannenwald wandelnd erblicke ich uralte Grab=
hügel; Germanengräber:

Germanengräber.

Langgestreckt, so wie sichs mag geziemen
Heldenleibern, die die Lieder rühmen,
Liegen eure Grabeshügel alle
In der grünen schattgen Todtenhalle.

Aber aus den Gräbern dieser Mannen
Sproßt empor der Heldenleib der Tannen,
Schmetterlinge schweben auf wie Träume,
Wiesengold*) schmückt eure Hügelsäume;

Daß es wohl als Römermünze deute
Euren Antheil an der Siegesbeute;
Und des Habichts Aufschrei möge künden
Euren Schlachtruf hier in diesen Gründen.

---

*) Wiesengold, Lysimachia nomularia.

Aber ich trete heraus aus dem düsteren Tannengrunde und ersteige die sonnige Höhe des Eichenwaldes. Allüberall wohin ich schaue die Sonnewendfackeln der Johannisblume.*) — Sonnewendfackeln am Weg, Sonnewendfackeln zwischen den Büschen, und rechts und links daneben das duftige Hilbhaar.**) — — Ich stehe auf einer Opferstätte altgermanischer Sonnenverehrung. Aber nur des Eichlauts grünbuchtige Blätter, und die Johannisblume und das Hilbhaar, und die Falter auf den Brombeerblüthen und Purpurdisteln erzählen mir, mir dem Geweihten, was hier dereinstens geschehen:

Sonnwendnacht.

Sonnwendnacht ist es, und mitternächtig
Leuchten die Flammen johannisnachtprächtig;

Leuchten die Fackeln und zischen die Flammen,
Als wenn er brennte, der Wald rings zusammen,

Drinn doch im Grunde, drinn im Eichwalde
Stehen die Helden und stehet der Skalde,

Stehen die Gunden, die Hilden und Linden,
Linnengekleidet mit Eichlaubgewinden,

Um mit den Zweigen der Birken und Eichen
Mit dem Sonnaufgang die Feuer zu löschen,

Daß er der Mutter das Auge nicht röthe,
Hilde und Gunde den Qualm wohl ertödte.

Auf daß sie schau mit dem Aug dem beglückten
Söhne und Töchter, die sonnhaargeschmückten.

---

*) Johannisblume, Hypericum perforatum.
**) Hilbhaar, Spirea ulmaria.

Rothmund der Skalde mit schneeweißem Haare
Stehet und flehet am mos'gen Altare:

Mutter! Wir lieben dich, dich nur alleine,
Weil du geschenkt uns die lichtgrünen Haine.

Siehe, wir lieben dich Jahre für Jahre,
Weil du geschenkt uns die sonnigen Haare.

Mutter! Wir lieben dich wieder und wieder,
Weil du geschenkt uns die riesigen Glieder.

Siehe, wir lieben dich, werthen dich theuer,
Weil du geschenkt uns dein heldkühnes Feuer.

Mutter! O siehe nur, wie wir dir bienen:
Ringe von Waizenmehl, Honig der Bienen,

Haarschmuck der Töchter, der schlanken, der freien,
Milchweiß und glänzend, den woll'n wir dir weihen;

Wollest zum Zeichen der ewigen Treue
Sonnewendfackeln entzünden aufs Neue.

Fünfzehnter Sonntag.

Vom wohlerhaltenen Ringwall so recht mitten im Walde herniedersteigend, betrete ich den sumpfigen Wiesenpfad, der nach dem Dorfe führt. Allüberall, wohin ich schaue und trete, die verstreuten Goldmünzen des Wiesengoldes:*)

Ballade vom Wiesengold.

Marbod der Heerfürst und Dagobert
Und ihre Helden mit Schild und Schwert
Sie waren versammelt wohl alle.
Auch Rothmund der Barde und Asenbreint
Und Lysimachus der Römerfreund
Beim Becher des Meths in der Halle.

Ihr Helden sagt an mir, ob klug mein Rath,
Als ich gerathen zur Ruhmesthat,
Zum Römerbündniß gerathen.
Er bringt euch Ehren als Römersold,
Er bringt euch Beute und klingendes Gold
Für eure klingenden Thaten.

Seht ihr da unten die Heerschaar ruhn?
Es ist Metellus der Kriegstribun
Vom nahen Rutoamare;
Es sind beladen der Rosse vier,
Die starken Rosse, sie brechen wohl schier
So viel sind der goldnen Denare.

---
*) Wiesengold, Lysimachia nummularia.

Endloser Jubel erfüllet den Saal,
Endloses Jauchzen hallt nieder zu Thal,
Zu grüßen die Bundesgenossen;
Die tragen die Säcke, tragen den Wein
Nun in die luftige Halle herein,
In Krüge und Schläuche geschlossen.

Ein Weib, zwei Knaben an jeder Hand,
Tritt ein in die Halle, Blut am Gewand,
Blut an den zerflatterten Haaren:
Was hast du Weib, daß du so stille schweigst?
Was willst du doch, daß du dich niederbeugst
Zu den verstreuten Denaren?

Ich komme soeben von Rutmarsfeld,
Im Blute liegt dorten so mancher Held,
Den seine Brüder erschlagen;
Auf Rutmarsfeld liegt manch blühender Leib,
Auf Rutmarsfeld trauert manch Kind und Weib
An diesen hochfröhlichen Tagen.

Ich komme so eben von Mannes Leich,
Ich komme, ich komme zu fluchen euch,
Zu nehmen euch, was ihr gewonnen;
Es seie der blinkende Römersold
Vor euren Augen zu Blättergold,
Zu Blumen des Grases zerronnen.

Die Helden, sie schauen an sie so bang;
Das Weib, sie schreitet die Halle entlang
Vorüber an Freien und Edeln; — —
Die rufen nach Bechern von Thon und Glasur,
Die rufen nach Hörnern von Ochs und Ur,
Die rufen nach Schädeln, nach Schädeln.

Und endlos dauert das Trinkgelag;
Die Sonne sie hebt sich am vierten Tag

Hoch über die Zecher der Halle;
Nur Wenige sind es, die zechen noch fort,
Der Eine liegt da, der Andere dort
Im Grase, am Thor und am Walle. — —

Ein Weib doch schreitet so still und sacht
Durch schlafende Zecher hin bei der Nacht,
Fühlt, fühlt nach den Gürteln, den vollen:
Sie macht in die Taschen so Schnitt für Schnitt,
So daß den Helden bei Tritt und Schritt
Denare wohl müssen entrollen.

Doch endlich und endlich trennt sich der Hauf,
Sie brechen nach ihren Höfen all auf,
Die Mannen und Helden und Recken;
Und nieder und nieder fällt goldenes Rund,
Fällt leise herab auf den Wiesengrund,
Und glitzert dort neben den Hecken.

Wohl Mancher auch sammelt noch hinterher,
Nach Haus gekommen hat Keiner was mehr;
Viel gehen zurück um zu suchen:
Sie finden den blinkenden Römersold
Zu Blumen verwandelt und Blättergold
Am Wiesenpfad neben den Buchen.

Aber da ist der Mühlbach und in einem Bogen desselben eine einstige Wasserburg. Jetzt ein Kohlgarten. Rings in den Gräben derselben die Purpurähren des Blutkrautes:*)

Auf der Wasserburg.

Und nach der Wasserburg zogen sie all sich zurücke,
Mächtig schon drängte die Feindesschaar gegen die Brücke;

---
*) Blutkraut, Lythrum salicaria.

Und mit dem Steinbeil und Eschenschaft, den sie noch hatten,
Wehrten sie lange dem Feindesturm ohn ein Ermatten;

Lang so sie konnten nur Hände und Zähne noch regen; — —
So sind die Letzten des Stammes im Kampfe erlegen.

Doch in den Gräben der Wasserburg stehen verklärend
Blutige Aehren, auf ewig die Helden noch ehrend.

Sechszehnter Sonntag.

Warum ist doch allemal das Vöglein da, wenn ich Klee hier mähe? Das flinke Stadtmädchen, die Bachstelze?

Märchen von der Bachstelze.

Auf das Kleefeld ging ich heut,
Meinen Klee zu mähen;
Sah ein Vöglein allezeit
In den Mahden spähen.

Weiß wohl alles: Bachstelz sing:
War dereinst ein Mädchen,
War ein schlank und lustig Ding
Aus dem nahen Städtchen;

War, wenn es zum Tanzen ging,
Flink auf meinen Söckchen;
Sauber an der Hüfte hing
Mir mein Kattunröckchen;

War als Jungmagd eingestellt
Bei dem Kasparmichel,
Ging hinaus aufs Ackerfeld
Mit der Sens und Sichel;

Hatte einen Brief vom Schatz
Den ich mir erkoren;
Aber hier auf diesem Platz
Hatt' ich ihn verloren.

Und den andern Tag darauf
Kam das böse Fieber:
Nahm mich aus dem Erdenlauf
In die Luft hinüber;

Hatte keine Ruhe mehr
Ob des Nachbars Jochen
Nicht gefunden hinterher
Mir mein Liebesliebchen;

Und verkünde meine Lieb
Frei und unbesonnen,
Schwatze, was der Schatz mir schrieb,
Abends aus am Bronnen.

Heissa! Heissa! sehe schon
Dort ein Briefpapierchen,
Und fürwahr nicht weit davon
Auch ein Rosaschnürchen.

———

Es ist Nachmittag geworden. An den Kohlgärten vorüber=
gehend, sehe ich den Kohlweißling hin und wieder fliegen.

Märchen vom Kohlweißling.

Altjungfer Weiß war Küchenmagd
Wohl manche lange Jahre,
Als treu und als geschickt gesagt,
Nun liegt sie auf der Bahre.

Doch vorher, ehs zum Sterben kam,
Und sie wollt Abschied nehmen,
That ihre Frau, sie war halb lahm,
Sich zu ihr herbequemen.

O, klagt sie, wer wird künftig wohl
Die Speisen mir bereiten?
Die Suppen, den Salat, den Kohl
Grad wie zu Vaters Zeiten?

O wer wird meinen Braten dann
Die rechte Würze geben?
Wann du mich hast verlassen, kann
Ich wahrlich nicht mehr leben!

Ein Jammer wars und ein Geschrei,
Da fielen zu die Lider;
Die Seele aber wurde frei
Und kam geflügelt wieder,

In weißer Schürze, die sie stets
Den ganzen Tag getragen;
Nach dem Gemüsegarten gehts
An Vor- und Nachmittagen.

Nach Kohl und nach Salat schaut sie,
Schlägt auf die Küchenschürze;
Nach Lauch sucht sie, nach Sellerie
Zu Brüh- und Bratenwürze.

Siebenzehnter Sonntag.

Ich schreite auf dem vielbetretenen Pfade, der hinter dem Dorfe und seinen Gras- und Gemüsegärten sich hinzieht. Ein kleiner Bach fließt zu meiner Linken und ein Geheg von Weißdorn, Hagrosen, Zwetschgen und Haselstauden überwuchert die morschen Zaunpfähle der Gärten. Es ist Erntezeit, überall Schnitter und Schnitterinnen, und von den nahen Scheunen her das Tick Tack der Drescher. — Aber siehe doch, wie dort das schmucke Blaugeranium*) und das süße, sinnige Hilbhaar**) über den Gartenzaun hinüber und herüber ihre Häupter zusammenneigen! — Gerade so, wie verschämte Dorfkinder, Dorfmädchen und Dorfburschen, da und dort sich heimlich sehen und sprechen.

Nachbarkinder.

Blaugeranium am Steg,
Hilbhaar süß und sinnig
Nicken übers Zaungeheg
So verständnißinnig.

Nachbarkinder, die sich treu,
Heiß und heimlich liebten,
Doch vor Menschenaugen scheu
Auseinanderstiebten.

---

*) Blaugeranium, Geranium pratense.
**) Spirea ulmaria.

Eben treten aus der Thür
Alte Wäscherinnen,
Mägde kommen dort herfür,
Legen aus den Linnen.

Andre stehen an dem Zaun
Und den Scheunenschwellen;
Aus dem Nachbarhause schaun
Nähende Gesellen.

Blieb denn ihrer Liebe süß
Wohl ein andres Wählen,
Als das Blumenparadies
Und das Dufterzählen?

Ihrer Liebe heißem Drang
Wohl ein andres Flüchten,
Als sich aus dem Menschenzwang
Frei hinaus zu dichten?

———

Aber was hat es mit dem moosartigen Auswuchs an dem Rosenzweig dort, dem Schlaf- oder Satansapfel, für eine Bewandtniß? Und die Schlafhaube in dem Zaungehege, wie kam sie dorthin? — Wohl halten sie die Leute für die Blume der Zaunwinde, aber meine Legende erzählt es anders:

Legende von dem Schlaf- oder Satansapfel.

Als Gott der Herr die Rose erschaffen hatte, ärgerte sich der Satan ob ihrer Schönheit und Lieblichkeit dergestalt, daß wo er eine sah er sie zerblätterte und abriß. — Und einstmals traf ihn der Herr darüber und rief ihn an: Schlingel! Was machst du da? — Du siehst es ja! knurrte der Satan trotzig. — Aber du sollst es nicht, Bube, denn du kannst auch keine machen! — Nicht? Nicht machen? Ha! Das kann ich auch!!

Das ist keine große Kunst! -- So mache eine! — Da raufte der Satan ein wenig Wolle aus einem Lammschafe, das ein altes Weib am Feldhag hütete; es war ihm zwar etwas ängstlich zu Muthe, ob er auch mit seinem Prahlen bestehen werde, aber das alte boshafte Weib hatte alles gehört und blinzte dem Satan beifällig und aufmunternd zu, als ob sie sagen wollte: So recht! Recht! Zeige es ihm! — Und der Satan machte aus dem Händchen voll Wolle — sie war ein wenig blutig von seinen scharfen Nägeln — ein Etwas, das einer Rose ähnlich sah. — Das betrachtete der Herr lächelnd und fragte: Riecht deine Rose auch? Da stand der Satan beschämt und stotterte: Nein! Und was ist in deiner Rose drinnen? Und der Herr machte eine auf, und es waren Würmer darinnen. — Und der Satan schlich sich weg und das alte Weib auch und wollte durch die Lücke des Zauns in den Garten schlüpfen, aber sie blieb mit ihrem ungekämmten struppigen Haarbusche in dem Haggestrüppe hängen und ließ ihre Schlafhaube dahinten.

Aber der Herr machte Dornen an die Rose, und das alte boshafte Weib, die Frau Zaunwiebe, verurtheilte er, auf ewige Zeiten als Schlafhaube aus dem Zaungeheg schauen zu müssen. Und die Rose des Satans ließ er auch wachsen zum ewigen Gedächtniß.

Achtzehnter Sonntag.

Der Friedhof.

Der Friedhof mit seinen Schrecken
Hält friedliche Nachbarschaft,
Doch ist als wollten mich necken
Die Todten in ihrer Haft.

Die Bäume mit ihren Zweigen
Hoch über der Mauerkron,
Die Malven schwarzroth sie neigen
Grüßen frühmorgens mich schon.

Fast ist als sollt mich verdrießen
Dieß Winken bei Tag und Nacht;
Was gehet an mich das Grüßen
Der traurigen Todtenwacht.

Ach! Ich will es nicht sehen, das traurige Grüßen von drüben; es ist übergenug, wann ich daran erinnert werde:

Leise Boten.

Diese schwarzen Berglein auf den Beeten
Sage mir, o Vater, was sie sind?
Ungern seh die Berglein ich, mein Kind;
Maulwurfshügel sind es, Sargpropheten.

Gleichen sie doch nur des Grabes Riegeln;
Nie seit ich den Garten hier erwarb,
Als im Jahre da mein Vater starb
War er voll von diesen schwarzen Hügeln.

Sieh den Falter Vater mit den weißen
Rändern um das Schwarz dort an dem Beet!
Trauermantel du! Auch du Prophet!
Leichensäger! Wie du wirst geheißen.

Ach, vor Augen ist mirs stets und immer:
Als dein Brüderlein hinaus man trug,
Da umflog er dessen Leichenzug,
Und die Bahre vor dem Todtenzimmer.

Wächst die Blume lang schon in dem Garten?
Vater sieh, die Blüte dort am Zaun!
Todtenblume! Läßst auch du dich schaun?
Heilge Todten! Wollt ihr nicht mehr warten?

Diese Blume, diese düstergelbe,
Sah ich nie als nur an selbem Tag
Da einst sterbend deine Mutter lag,
O mein Sohn, gewiß, sie ists dieselbe!

Reicht sie nicht mitsammt den lieben andern
Ihre Todtenhand mir aus der Gruft?
Ahn und Brüderlein und Mutter ruft;
Küsse mich, mein Sohn, denn ich muß wandern!

Neunzehnter Sonntag.

Hochsommer.

Es ist so still im Wald,
Ich glaube bald, ja bald
An sein Verstummen;
Kein Böglein mehr das singt; — --
Auf sich ein Falter schwingt,
Und Käfer summen.

Ich suche Ruh, ja Ruh
Und schließ die Augen zu,
Mach auf sie wieder;
Mir wird zu viel das Licht,
Die Ruhe stärkt mich nicht,
Sie drückt mich nieder.

Wohl menschlicher gewiß
Wär nach der Finsterniß
Ein Aufsichhellen;
Hier ist nur Glanz und Tag,
Hier ist kein Stundenschlag,
Nur Lichteswellen.

Und Geist und Leib erschlafft
In dieser Feuerkraft
Und diesen Wonnen;
Ich sehn die Nacht herbei,
Wie wohl dem Menschen sei
Bei Kerzensonnen.

Die schönsten Paradiese des Lebens sind vielleicht doch nicht für Menschen eingerichtet. Nur die Blumen= und Insekten=welt fühlt sich wohl in den blendenden grellen Licht= und Farbenwellen:

Falter und Blume.

1.

Falter und Blume gleichen sich sehr:
Falter der frohe und franke
Erlöste Gedanke flattert daher
Ohne Grenze und Schranke; —
Aber die Blume, die Blume ist der
Noch unerlöste Gedanke.

2.

Von der Qual der Erde scheidet Freude
Aus sich wohl im bunten Falterkleide;
Von dem Schmerz der Erde scheidet Wonne
Aus als Kelch sich und als Blumensonne.

Ein verspätetes Röslein finde ich noch auf des Waldes einsamem Pfade:

Röslein und Sternlein.

Nur ein Röslein fand ich in dem Grase
Auf dem Pfade durch den Wald gewunden,
Wie der Seher auf der Himmelsstraße
Irgend eine Wunderwelt gefunden.

Und doch bist du Stern der Waldesgassen,
Wie du Röslein in den Himmelsbreiten
Nur ein Einen und Zusammenfassen
Ungezählter Weltenseligkeiten.

Aber schmerzhaft zuckt mirs nach dem Innern,
Und das Herz will mirs zusammenpreiſſen
Daß von beiden nur ein kurz Erinnern
Ueberbleiben ſoll vor dem Vergeſſen.

Verspätete Kornblumen treten mich an am Rande des Ackers: „Was plauderst du so lange unnütz am Wege, Gevatterin? — Sie sind längst heimgegangen, die mit dir in die Kirche gegangen, und die Predigt ist längst vorbei. Auch die Taufe. — Du aber ſteheſt noch da und ſieheſt nicht, daß du die Einzige biſt, die noch in Kirchkleidern wandelt."

Zwanzigster Sonntag.

Am Fensterbrett.

Braune Nelken auf dem Fenster dort:
Wessen Geist verstreute solche Flocken,
Anzuschaun wie braune Wächterlocken
An der Mädchenstube blankem Port?

Wissen wir das auf dem Fensterbrett,
Wir o Nelken, wo im Raum da drinnen,
Fern im Winter sie die Mädchen spinnen
An dem Linnen zu dem Hochzeitsbett!

Doch zu halten treue Fensterwacht
Teucht es uns gehören wir zusammen,
Liebesglut und Blut und Rosenflammen,
Himmelsglanz und dunkle Winternacht.

Ob am Fensterbrett wir Nelken stehn,
Frische Luft und Morgenthau zu saugen,
Oder braun und blaue Mädchenaugen
Durch die Scheiben auf die Gasse spähn.

Ob am Fensterbrett wir Nelken blühn,
Voll entströmend unsre Duftgesänge,
Oder ob der Spinnerinen Klänge
Süß und klangvoll durch die Nacht verglühn.

Wessen Geist als Wunderflocken auch
Uns verstreute auf die Erdenhügel;
Flocken sind wir von dem gleichen Flügel,
Stimmen sind wir von dem gleichen Hauch.

———

Nach dem Flachslande führt mich der Weg; nach dem Waldweg daneben, dem Lieblingspfad der seligen Mutter ein inneres unwiderstehliches Verlangen:

Bringt dich nicht vom fernen Nachtgestade
Mutter her des Sohnes Sehnsuchtszug?
Kannst erscheinen im Vorüberflug
Nicht du mir auf deinem Lieblingspfade?

Sonnenschein liegt auf dem Waldgehege,
Und der Mittag zittert auf dem Rain;
Himmelblau entfaltet ist der Lein
Dicht daneben an dem Ackerwege.

Und ein Schmetterling schwebt hin und wieder
In der Iris blauem Farbenstrahl,
Auf und ab den Pfad wohl siebenmal
An dem stillen Waller auf und nieder.

Irisblauer Falter: Dein Begegnen
Ist so seltsam mir, so wundersam:
Wars ein Geist der mir entgegen kam?
Flog vorüber was wie Muttersegnen?

———

Einundzwanzigster Sonntag.

Bleich und gelb liegt das Stoppelfeld, aber rosenroth steht die Haide und bald, bald auch roth angehaucht der Wald. Ist's nicht, als ob die Natur sich noch einmal schmücken, ja schminken wollte wie eine verlassene Schöne, um den Geliebten zu fesseln? Aber ihre zusammengerafften Reize haften nicht lange, und bald steht sie einsam und verlassen, und weint und rast sich vor Leid und Zorn fast zu Tode.

Ja! Und sind die Regengüsse des Herbstes nicht ihr Weinen? Und sind die Oktoberstürme nicht ihr verzweifeltes Rasen darüber, daß der Geliebte immer ferner bleibt? — Ja, nur einmal noch am Allerseelentage bekommt sie Besuch, unfehlbaren Besuch von ihrem Geliebten.

Herbstmythe.

Nicht vermag den Gatten mehr zu halten
Sie, das Weib mit dem gebleichten alten
Gelben Antlitz und gewelkten Arm; —
Täglich sieht sie ihn im Feuerwagen
An dem Sommerhaus vorüberjagen,
Wo sie wellt mit ihrem Kinderschwarm.

Doch nicht Schelten mehr noch Zornergüsse,
Auch nicht Bitten mehr noch Thränenflüsse
Führen ihn zurück an ihre Brust;
Und sie schminkt sich ihre bleichen Wangen,
Ihren Gatten wieder einzufangen,
Wie die Haide schmückt sich im August.

Beim Vorüberjagen ihn zu rufen,
Und in Jugendschöne auf den Stufen
Stehend warten will die Gattin still;
Und er schauet ihrer Wangen Rosen,
Und er kehret zu erneutem Kosen,
Freundlich fragend, was die Liebste will.

Ja, es kehren wieder frohe Stunden
Zu den Gatten, die sich neu gefunden,
Aber alt und launisch wird das Weib;
Neue Reize ruft sie, zu erfreuen,
Alte Künste ruft sie, zu erneuen
Jugendrosen auf Gesicht und Leib.

Haideröslein*) sinds, die endlich bleichen; —
Espen, Buchen färbt sie jetzt und Eichen
Mit der Schminke, die da geht zur Rüst;
Darum dickroth ist sie aufgetragen,
Und der Gatte beim Vorüberjagen
Merkt die Täuschung jetzt und ihre List.

Und weil ihr die Jugendreize fehlen,
Schmückt mit Perlen sie sich und Juwelen
Arm und Nacken festlich und das Haar;
Des Ligusters achatgleiche Perlen,
Vogelbeeren an dem Hag der Erlen,
Schmuck von Edelstein sie stellen dar.

Doch vergebens ist all ihr Bemühen,
Ob auch hochroth ihre Wangen glühen,
Sind sie nur von ihrem Zorn so roth;
Und sie schämt sich nicht, auf allen Straßen
Ihren Zorn und Unmuth auszurasen,
Ja sie rast und weint sich fast zu todt.

---

*) Gemeine Heide, Erica vulgaris.

Doch das Rasen all es ist vergebens; —
Einmal nur im Laufe ihres Lebens,
Am geliebten Allerseelentag
Ist er stürmisch bei ihr eingebrochen,
Hat ein „Heilig" über sie gesprochen,
Da sie stumm in seinen Armen lag.

Ja, Wanderer durch den Septemberwald, sage: Sieht sein Inneres nicht aus wie das Eß= und Schlafzimmer einer gealterten Schönen mit verschiedenen nennbaren und unnennbaren Geschirren, Tellern und Schüsseln, Urnen und Vasen, Schmink=töpfen und Malerschalen? Vom unglasirten Thongefäß an auf=wärts bis zum schönbemalten, prächtigen Porcellan. — Ein=fältige, nüchterne Leute, welche die Teller und Schüsseln nur Pilze, die Schminktöpfe und Malerschalen nur Fliegenschwämme, kurzweg Fliegenschwämme heißen.

Aber, so ich dich führe, o Freund, in das Schlafzimmer der Natur, in das Schlafzimmer der gealterten Schönen, so gestatte, daß ich dich auch führe in das Schlafzimmer der Ehe=gatten.

Heiligsprechung des Weibes.

Als du mich zum Liebsten einst erkoren,
Gieng mein Wesen wohl in dir verloren;
Als ich dich zu meiner Braut gewonnen,
War mein Alles nur in dich zerronnen.

Und so war all unser Liebesweben
Ein Empfangen nur und Wiedergeben,
Unser Werben all und unser Minnen
Ein Verlieren nur und Neugewinnen.

So wie Kelch und Lippen sich begegnen
Unser Grüßen sei und unser Segnen;
So wie Lippen sich an Kelchen süßen
Unser Segnen sei und unser Grüßen.

Komm als Priester ich zu dir gegangen,
Hast du Wein und Brod von mir empfangen,
Kannst dus wandeln in erneutes Leben,
Ihm im Voraus seine Schuld vergeben.

Laß mir Priester nur die That des Handelns;
Heilgenbild! Dir bleibe die des Wandelns;
Laß mich Priester meines Amts gewähren,
Offenbaren sei deins und Verklären.

Laß mich küssen den Marienleib,
Reich dem Pilger deine Honiglippen,
Laß mich Armen an dem Kelche nippen,
Laß die Scheue, vielgeliebtes Weib!

Aus dem Wonnemeer von Lust und Glück
Dir und mir aus der Umarmung schwellen
Hochfluthartig seine Liebeswellen
Ueberstürzend auf uns selbst zurück.

Zweiundzwanzigster Sonntag.

Ich stehe auf der Höhe des Maisenberges mitten, so recht mitten im Walde. Riesige Schwarzdorn= und Weißborngehege, Himbeer= und Brombeerranken, hin und her geworfene abge= knickte Föhren machen seinen Gipfel fast unzugänglich. Es ist fast, als ob der Geist des Hauers noch hier oben hause.

Der Hauer vom Maisenschloß.

Da war der Hauer im Schlosse draus,
Das war ein wilder Geselle:
Ein Eberzahn trat ihm zum Munde heraus;
Er lebte dahin so in Saus und Braus,
Und glaubte nicht Himmel noch Hölle.

Der Hauer der hörte einst Peitschenknall
Und schweres Rossegetrabe:
Es sind die Salzer aus Schwäbisch Hall;
Es führen zu Schanden die Rosse all
Die Krämer mit ihrer Habe!

He, Nikolas! Hole die Rappen heran,
Den Salzersäcken zu Hilfe;
Sie holen soeben ein Vorgespann,
Und bis sie kommen so ist's gethan,
Die Wagen im See dort und Schilfe.

Der Hauer der hörte einst Läutens genug,
Und straßentlang singende Kinder;
Ein Knechtlein abseiten die Leiter trug,
Und mitten, inmitten da ging im Zug
Ein Bürschlein als armer Sünder.

Und gleich wie das Wetter so fuhr er herbei,
Schlug ein so grab in der Mitten:
Dem Henker trat er die Knochen entzwei,
Dem Vogte schlug er den Kopf zu Brei
Als er sie übergeritten.

Und straßentlang zogen in vollem Ornat
Einst Priester nach der Synode;
Mit goldener Kette der Herr Prälat,
Der Syndikus und der Magistrat,
Herr Jörg lacht fast sich zu Tode.

Er winkte den Knechten und lüpfte 's Barett,
Und grüßte nach allen Seiten:
Wie schön ihr Herren! Wie sauber und nett!
Beim Teufel doch aber ich halte die Wett
Euch Pfaffen zur Schwemme zu reiten.

Und hart daneben da lag ein Sumpf
Voll Frösche und Wasserlinsen; — —
Nun saßen sie auf der Felben Stumpf,
Schleimtriefend Mantel und Rock und Strumpf,
Schleimtriefend ringsum die Binsen.

Drei Tag wohl und Nächte da saßen beim Wein
Einst Ritter und edle Genossen:
Ich möchte jetzt wahrlich ein Spielmann sein!
Habt ihr nicht etwan Geigen, Schalmein
In eurer Truhe verschlossen?

Das sprach zum Knechte, zum Nikolas
Der lange Frieder aus Neuffen;
Der Hauer er horchte und fragte: Was?
Der Teufel thue mir dies und das,
Wir holen uns Orgelpfeifen!

Wer reitet so spät mit Knecht und Genoß?
Die Leute im Bette sie horchen:
Herr Jörg ists auf seinem schwarzen Roß;
Der Hauer ists von dem Maisenschloß,
Vom Maisenschloß über den Forchen.

Dreiundzwanzigster Sonntag.

Trinke Wein, o Leser, auf daß du gestärkt werdest und ertragen mögest Wahrheit aus Abgrundstiefe:

Es ist ein schlimmes, bedeutungsvolles Zeichen, o Mensch, daß deine Fährten mit Brennnesseln gezeichnet sind. Aus deinen Fußstapfen wachsen sie hervor, die häßlichen Flammenruthen, untermengt mit dem eckeln Gezücht der Lamien und fallenstellenden Kletten. Sie umstehen deine Begräbnißstätten, deine Gnaden- wie deine Aborte. Mit Flammenruthen sind eingerahmt deine Häuser und deine Scheuern. Erfreue dich am Vorgeschmack der Hölle, du Unbarmherziger! Erfreue dich deiner künftigen Pöbel- gesellschaft, du Hochmüthiger! Erfreue dich der Erdengüter, die du den Armen aus dem Munde gezogen, du Geiziger und du Wucherer! — Kühe, Gaisen und Gänse werden deine Erben sein. O ihr Gaisen des Todtengräbers! Wie viel Geschlechter sind schon durch eure Zähne gegangen, und dennoch habt ihr stets und immer wieder nur „Mehr" gerufen. — Welche Ironie!

Soeben treten sie an die Mauer, die zwei kleinen Mädchen des armen Taglöhners, große Zwilchhandschuhe und eine Sichel in ihren Händchen:

Welche und wessen Leiber waren es, mit deren Atomen sie ihren Gänsetrog füllen?

Doch genug der Wahrheit aus Abgrundstiefe! — Glorreich und glänzend schwebt ein Pfauenauge über dem Nesselgestrüpp wie eine himmlisch verklärte, freigewordene Psyche. Mit dem Ewigkeitsauge, dem Gottheitsstempel und den zum Bilde gewor- denen Geistesgedanken auf ihrem Flügel tragend:

Ich bin das Sehende und bin das Wissende. Ich bin im Tag, ich bin in der Morgenröthe und bin in der Nacht. Ich kenne kein Gestern und ewig mein ist das Heute.

Vierundzwanzigster Sonntag.

Auf Allerseelen.

O Todten schaut: Auf eure Grabeszellen
Leg ich die Blumen der Novemberflur;
So hie und da ein Glockenblümchen nur
Und Immergrün und trockne Immortellen.

Mild strahlt die Sonne längs des Friedhofs Wällen,
Korallen zeigen ihrer Rosen Spur,
Wehmüthig scheint die sterbende Natur
Beim Lebewohl sich nochmals aufzuhellen.

Wallfahrt ich nicht durchs grüne Waldgehänge?
Ists nicht dein Bild, das vor dem Aug mir schwimmt?
Dein Bild, o Mutter, das durchs Buschholz flimmt?
Woher die Kälte, ach, die Herzensbänge?

O welcher Geist ists, der die Klaggesänge,
Der die Akkorde mir vom Munde nimmt?
O welcher Unhold hat doch heut verstimmt
Des armen Sängers reine Harfenklänge?

Dir, Gott der Lieder, will ichs bittend sagen:
O mache du mir meine Harfe rein,
Daß ichs vermag, die Todten recht zu klagen;

Bin ich dann fertig, werd ichs selber sein,
Der an der Mauerwand sie wird zerschlagen,
Der still und ruhig dann wird schlafen ein.

In hohem Lied den Liebling noch zu ehren,
Zum Wunderbild sein Bildniß zu verklären,
Schweif ich umher durch alle Erdgefilde,
Mir Schmuck zu suchen für mein Lichtgebilde:

Doch find ich nichts als nur der Rosen Prangen;
Denn mit den Rosen bist du aufgegangen,
Und um die Zeit da ihre Früchte wallen,
Da bist auch du vom Lebensbaum gefallen.

Meine Heimath und mein Glaube.

Sind heilig nicht mir meiner Heimath Fluren,
Und meiner Todten hinterlaßne Spuren?
Im Jahreslauf sechs hohe Festestage?
Aus meiner Kinderzeit so manche Sage?

So sind in mir vereint denn auch die Triebe
Für Vaterland, für Glaube und für Liebe;
Und halb entsühnet schaut mein Aug so gerne
Auf nach dem Lichtkreis seiner Glaubenssterne.

Tröstungen.

Ist ein Liebes deinem Aug entschwunden,
Suche nimmer nach ihm Nacht und Tag;
Wann du findest was dich lieben mag,
Hast du das Verlorne neu gefunden.

Was dir Liebe zubringt, ist dein eigen,
Ist dir Gatte, ist dir Kind und Freund;
Wenn es auch in seiner Thorheit meint,
Das Erkennungswort dir zu verschweigen.

Klage nicht so trostlos, Mutter, nimmer
Bei des Lieblings schmerzlichem Verlust;
Sieh! Ein andres Kind sucht deine Brust,
Wein o wein, o Mutter, doch nicht immer.

Jede Blume will dein Auge trösten,
Jede Opferschale sendet Duft;
Jede Blüte, die sie deckt, die Gruft,
Ist ein Gruß von deinem Früherlösten.

Fünfundzwanzigster Sonntag.

Nebelmythe.

Es muß noch früh sein in der Nächte Stund,
Obschon die Nebel alle in der Rund
Spinnrockengleich, daran ist Flachs geballt,
An Busch und Baum und Hag sind hingewallt.

Doch all die Nebel werden klar gemacht:
Die Sternlein halten eine Durchspinnnacht
Bei Vater Mond, der hoch am Himmelszelt
Spinnstube für die Sternenmädchen hält.

Zeitlosenmythen.

1.

Es muß schon spät sein in der Tage Reihn,
Daß nah und fern beim Früh- und Abendschein
Sich Nebelwolken häufen wie Gespinnst,
Dran Mädchen spinnen um den Lohnverdienst.

Zeitlosen sind es, die so rosig frisch
Als Spinnerinnen sitzen um den Tisch,
Und Vater Wind der haspelt so zur Zeit
Die Fäden ab, daß man es hört so weit.

2.

Es muß noch früh sein, früh sein auf der Uhr,
Daß spinnewebenfunkelnd liegt die Flur,
Daß Wiese liegt und Stoppelfeld und Rain
Im Sommerfäden-Silbermorgenschein.

Die Spinnerinnen regten Hand und Arm,
Da ward es ihnen über Nacht so warm;
Drum schaun sie auch so roth und blühend aus,
Wenn sie sich kühlen auf der Wiese draus.

3.

Es muß schon spät sein, spät sein in der Nacht,
Daß sich die Spinnerinnen fortgemacht;
Die Knaben und die Mädchen und das Kind
Längst in die Kammer schlafen gangen sind.

Nur zwei der Kinder haben keinen Schlaf,
Sie spielen noch mit Schäfer und mit Schaf;
Doch Mutter löscht das Licht, und so allein
Will keines mehr am Tisch das Letzte sein.

Die Spinnerinnen, die soeben fort,
Zeitlosen sind es, die verwelkt, verdorrt;
Die Kinder, die vom Spiel nicht wollen gehn,
Sind Glockenblümchen, die am Hag dort stehn.

Letzter Strauß.

Du letzter Strauß am Wege, den man kennt,
Schafgarbenstrauß mit windgebleichten Farben:
Die Blümlein all, als so dahin sie starben,
Vermahnten dich im Schwesterntestament:

Wegblume sollst du sein durch den Advent;
Daß nicht die heilgen Tage mögen darben
An frommen Sträußen und an Blütengarben,
Indeß der Christbaum fern herüber brennt.

Auch sollst du wohl an Heerben und an Schafe,
Und an die Hirtenbotschaft in der Nacht,
Und an die Schuld und die erlaßne Strafe
Die Menschen mahnen leise, still und sacht. — —
Hast du gethan dieß, neig dein Haupt zum Schlafe,
Wegblume, wohl hast du dein Werk vollbracht!

Sechsundzwanzigster Sonntag.

Wintermythen.

1. Schneien.

Die Flur hat sich die Augen trüb geweint,
Da stürmt die Wolkenschwester um die Ecke
Und deckt sie zu mit frischgewaschner Decke,
Stürmt wieder fort, da sie sie schlafend meint.

Und Mutter Sonne kommt und lacht und schilt:
Muß ich mein Kind so eingewickelt wissen?
Und rückt hinweg von Decken und von Kissen
In die der Wildfang es hat eingehüllt.

2. Thauen.

Schwarz ist der Wald und schwarz die Wolkenhand
Vom Windeschüren; — horch, die Dächer tropfen,
Die Wäscherinnen an das Fenster klopfen,
Denn eingeweicht ist rings das Flurgewand.

Und ab und zu gehts fast die ganze Nacht;
Waschküche ist das ganze Land geworden;
Doch gegen Tag, da hat ein Wind aus Norden
Die Wäsche weiß und trocken wohl gemacht.

Ja, Winter ist es; ja Winter, und Winter oftmals auch in meinem Herzen:

Klage.

O all mein Leben
Und all mein Streben
Zwar meergerettet
Ist angekettet
An Felsenbrüste
Der Nordlandsküste.

Ich stehe, vergehe
Auf eisiger Höhe;
O Mutter, geschwind
Hilf deinem Kind!
O Liebste, vergieb:
Hast du mich nicht lieb?

Doch all mein Minnen
Kann nicht gewinnen,
Und all mein Ringen
Kann nicht bezwingen
Die Felsenbrust;
Und meine Sangeslust,

Oft heiß und flehend
Ins Herz dir sehend,
Mövengefiedert,
Ist mein Verderben;
Denn unerwidert
Bleibt all mein Werben.

Siebenundzwanzigster Sonntag.

Baue deine Wohnung daß du schauest
Bei dem Sonnenaufgang übers Meer,
Daß dir werde deine Seele hehr,
Du an seiner Hoheit dich erbauest.

Baue deine Wohnung daß du blickest
Bei dem Sonnenuntergang aufs Land,
Daß du an dem blumigen Gewand
Seiner holden Schönheit dich erquickest.

Daß dir Stärkung werde in der Frühe
Und Erhebung bei dem Wellenschlag,
Daß beim Schauen auf das Blumenhag
Du vergessest deine Tagesmühe.

Wehmüthig freundlich schauen mich an die Birken am Ufer des Sees. Und siehe: Sie erzählen mir vom nordischen Lande:

Birkenmäre.

Wann die Birken mir erzählen, reden,
So erzählen sie von Schweden, Schweden,
Wo an maienfrischen Uferlehnen
Seine Töchter schaun nach fernen Kähnen.

Durch die Birken an des Götelfs Ufer
Stehet nahen Erichson der Hufer
Mehr denn fünfzig schlanke Ruderkähne,
Harald ists, der Schwedenfeind, der Däne.

Und er eilt auf seines Rosses Hufen
Ringsumher die Dörfer wachzurufen;
Doch vergebens ist sein Rufen, Lärmen,
Schon die Dänen ihm entgegen schwärmen,

Mit den Reihen derer die gebunden,
Der Gefangnen und der Schlachtenwunden; — —
In den Kähnen längs des Stromes Wehren
Heimathfern zum Nimmerwiederkehren

Führen sie die Söhne aus dem Norden
Nun hinunter nach des Südens Borden,
Nach dem Land der Palmen und der Mohren,
Und hinüber wohl nach Byzanz Thoren.

Aufgelöst die Haare und in Thränen
Schwedens Töchter schauen nach den Kähnen;
Fern und ferner tönt der Schlag der Ruder,
Die entführen Liebsten, Sohn und Bruder.

Achtundzwanzigster Sonntag.

Weihnachtsmäre.

Zur Weihnachtszeit
Tief wegverschneit,
Durch Wald und Tann
Geht heim ein Mann.

Es blinkt das Eis,
Der Schnee macht weiß,
Der Mond scheint hell
Auf freier Stell.

Rings Hürden stehn,
Und Schafe gehn
Im tiefen Schnee
Wie sonst im Klee.

Kein Schäfer weit
Ringsum und breit,
Kein Hund dabei,
Kein Laut, kein Schrei.

Und alle schaun
Ihn an, o Graun,
Umstehn ihn dicht
Beim Mondenlicht.

Er betet leis
In ihrem Kreis,
Er betet warm:
Daß Gott erbarm!

Und Wort für Wort
So tönt es fort,
Rings in der Rund
Von Mund zu Mund.

Ein Stimmlein spricht:
Verlaß uns nicht!
Du bist es doch,
Der unser Joch

Nun jetzt zerbricht?
Der Heiland? — Nicht?
Den wir so lang
Ersehnt so bang?

Drum kommen wir
Zusammen hier,
Und haben oft
Auf heut gehofft.

Das letztemal
Im Haidenthal,
Als Weihnacht war
Vor tausend Jahr.

Daß Gott erbarm!
Stöhnt auf der Schwarm;
Er ist es nicht!
Ums Haupt kein Licht!

O weh! O weh!
Weints von der Höh,
Und wimmert rund
Im Tannengrund.

In Wölklein klar
Zerfließt die Schaar,
Löst sich in Duft;
Ein Stimmlein ruft:

Fahr, Hoffen! Fahr! — —
In tausend Jahr
Im Eibenthal
Das Nächstemal.

Ja siehe: Auch die Thierwelt wartet auf ihren Heiland, ja selbst die Pflanzenwelt und die ganze Natur. Ja siehe: Sehnsuchtsvoll und zitternd harren sie schon seit Jahrtausenden auf ihren Erlöser. Auf einen Heiland, der ihre natürlichen Rechte voll anerkennt und zu voller allgemeiner Anerkennung zu bringen vermag. Aber wann wird der kommen? — Und welcher Wegbereiter wird sein sein Johannes? Frage nicht! Ich und du, und der und jener, und jeder volle Mensch ist hiezu berufen, und wer dieser hohen heiligen Berufung nicht folgt, hat dafür Verantwortung und Sünde. — Und dir und mir, und Jeglichem gilt die Mahnung:

So lang du ihre Freiheit nicht gepredigt,
Bist du auch deines Auftrags nicht entledigt,
Erst wann du sie hast aller Welt verkündigt,
Bist du vollkommen in dir selbst entsündigt.

Und ich und du und dieser, und jeder volle Mensch ist auch berufen, aus allen Kräften und mit voller Seele mitzuarbeiten

an dem großen Werke der Menschenbefreiung und Menschen=
beglückung.

Großer Feierabend.

Es wird bereinst auf Erden
Noch sein ein Ruhen:
Bei vollen Truhen
Sie schlafen werden.

Es wird bereinst auf Erden
Noch sein Genügen:
Aus vollen Zügen
Sie trinken werden.

Es wird bereinst auf Erden
Noch sein Gewähren:
In Königsehren
Sie thronen werden.

Es wird bereinst auf Erden
Nicht sein mehr Hoffen:
Den Himmel offen
Sie schauen werden.

Neunundzwanzigster Sonntag.

Oswalds Vermächtniß.

Wohl genug ists, daß die Menschheit grausend
Marterwege wandelte Jahrtausend,
Zeit nun ists, daß sie, befreit von Sorgen,
Jetzund feire Auferstehungsmorgen.

Zeit ists, daß das Nachtgestirn verglühe,
Lerchen schmettern in der Morgenfrühe,
Und der junge Tag mit freudgen Schlägen
Eilt der Sonne und dem Glanz entgegen.

So auch du, mein Sohn: Nicht gilts zu liegen,
Mach dich auf, den Weltkreis zu besiegen,
Von des Geistes freudgem Flügelschlagen
Mehr und mehr zum Licht emporgetragen.

Daß im Fluge du nicht mögst ermatten,
Magst du kreisen ob der Schönheit Matten;
Niederschwebend von dem Flug nach Osten
Jede Freude, die dir rein ist, kosten.

Dein ist Alles, all und jede Wonne,
Wann sie aufgeht dir als eigne Sonne;
Jeder Tag, vom Licht emporgetragen,
Wann er aufgeht dir als eignes Tagen.

Dein ist Alles, all der Blumen Glühen,
Wann hervor sie aus dir selber blühen;
All die Rosenknospen auf der Erden,
Wann sie Rosen in dir selber werden.

Dein ist Alles, all der Lieder Singen,
Wann heraus sie aus dir selber klingen;
Jeder Schlag der selgen Philomele,
Wann er hallt aus deiner eignen Seele.

Dein ist Alles, was in Thal und Hügeln
Lichtvoll sich in dir kann wiederspiegeln;
Dein die Himmel selbst, und selbst die Sterne,
Wann du Glanz hast für den Glanz der Ferne.

Bist du adlergleich heraufgekommen,
Alles Schöne in dich aufgenommen,
Göttertrank gekostet so im Fluge
Auf dem Sieges= und Erobrungszuge.

Liegt das Vorurtheil, das Wahnbefangen
Zu den Füßen dir als kriegsgefangen,
Stehst du fast als wie ein Weltenmeister
In der Hand den Feldherrnstab der Geister.

Letzter Sonntag.

Ein Gott nur ists, wo bleibet ewig jung;
Wer Liebe aber und Begeisterung
Aufhalten kann bis in die fernste Zeit,
Ist wahrlich schon von einem Gott nicht weit.

Ja! Ich verkündige die Verjüngung aus eigener Kraft; in antiker Fassung zu sagen: die Unsterblichkeit der Götter. Denn auch ihr seid Götter, wann ihr Götter sein wollt. — Aber ihr könnt oder vielmehr ihr wollt es nicht sein. Schüttelt nur ab von euch den Staub des Irdischen, vor Allem die Gier nach Erwerb, und sättigt euch an Liebe, an Schönheit und an Freude. Denn sie drei sind das Brod der Götter. Und seid stolz, stolz in eurer Armuth. Und stark in dem Bewußtsein: Nicht Qual geschaffen, nein Qual gemindert zu haben.

Was liegt dem Verjüngungsfrohen an seiner Jahre Zahl? Dem Imperatoren an dem geringen schwarzen Sklaven Tod am Portale? — Eine Handbewegung und er schleicht beschämt von bannen. Komme später wieder. — Einmal ist der Herr doch mein. — Ja einmal, wann ihm der kraushaarige schwarze Sklave als Wohlthäter erscheint. Einmal gewiß. — Aber wann? Je mehr Gott, um so später. — — Sie werden dahingerafft durch ihre eigene Schuld, der Menschheit unzählbare Mengen, willen= und machtlos sind sie des rohen Knechts leicht erreich=bare, leicht besiegbare Beute.

Rufst du nicht wohl voll empörten Muthes:
Frecher Sklave! Wagst du des Tributes
Mir, ja mir dem Freien selbst zu fodern?
Und des Zornes Flamme auf sie lodern.

Wohl, ich gehe auf des Herrn Befehlen,
Will so heimlich wieder fort mich stehlen,
Wiederkommen an verschiednen Tagen,
Dann und wann, um wieder anzufragen.

Gut, so gehe Tod. — Kannst wieder kommen
So von Zeit zu Zeit. — Wohl einmal frommen
Wird dein Anblick mir nach Zeitenfernen;
Aber wann? — Das muß ich selber lernen.

Und der Sklave schlägt die Augen nieder,
Kehrt, wendet und entfernt sich wieder;
Tage schwinden, Jahre gehn vorüber,
Aber machen deinen Blick nicht trüber.

Und der Tag heischt seine Tagesbeute,
Und der Tod heischt morgen so wie heute
Seinen Fraß, daß er voll Gier zermalme
Eichenstämme bald und Graseshalme.

Wer kann wissen, frag ich, wer erzählen,
Von des Sklaven scheuem Wegsichstehlen,
Bis dein Ruf ertönt nach dem Portale:
Reiche, Freund, mir des Vergessens Schale!

Inhalt

des zweiten Theils.

		Seite
Vorwort		3
1. Sonntag.	Märchen vom Immergrün	7
	Confirmanden	8
	Hyazinthe	9
2. Sonntag.	Reif	10
	Blumenrache	10
3. Sonntag.	Blühender Kirsch- und Apfelbaum	12
4. Sonntag.	Idylle	14
	Waldhaus	14
	Mädchenspiele	15
	Waldballade	15
5. Sonntag.	Märchen von der Syringe	17
6. Sonntag.	Schlummertrist	21
	Wiederkehr	21
7. Sonntag.	Wiedererstandene Mutter	23
	Blühender Apfelbaum	24
8. Sonntag.	Rosenliegende	26
9. Sonntag.	Engelswachen	29
	Waldbraut	30
10. Sonntag.	An eine Magdalena	31
	Magdalenas Sühne	32
11. Sonntag.	Blumenevangelium	33
12. Sonntag.	Waldesglocken	35
	Waldfrohlocken	36
13. Sonntag.	Das gefeite Haus	37
	Kind und Katze	38
14. Sonntag.	Germanengräber	40
	Sonnwendnacht	41
15. Sonntag.	Ballade vom Wiesengold	43
	Auf der Wasserburg	45
16. Sonntag.	Märchen von der Bachstelze	47
	Märchen vom Kohlweißling	48

		Seite
17. Sonntag.	Nachbarkinder	50
	Legende vom Schlaf- oder Satansapfel	51
18. Sonntag.	Der Friedhof	53
	Leise Boten	53
19. Sonntag.	Hochsommer	55
	Falter und Blume	56
	Röslein und Sternlein	56
	Verspätete Kornblume	57
20. Sonntag.	Am Fensterbrett	58
	Muttersegnen	59
21. Sonntag.	Herbstmythe	60
	Schlafzimmer	62
	Heiligsprechung des Weibes	62
22. Sonntag.	Der Bauer vom Maisenschloß	64
23. Sonntag.	Wahrheit aus Abgrundstiefe	67
24. Sonntag.	Auf Allerseelen	68
	Tröstungen	69
25. Sonntag.	Nebelmythe	71
	Zeitlosenmythen	71
	Letzter Strauß	72
26. Sonntag.	Wintermythen	74
	Klage	75
27. Sonntag.	Land und Meer	76
	Birkenmäre	76
28. Sonntag.	Weihnachtsmäre	78
	Großer Feierabend	81
29. Sonntag.	Oswalds Vermächtniß	82
30. Sonntag.	Selbstverjüngung	84
	Unsterblichkeit der Götter	84